www.ingramcontent.com/pod-product-compliance
Lightning Source LLC
LaVergne TN
LVHW010421070526
838199LV00064B/5374
* 9 7 8 9 3 5 8 7 2 4 3 4 9 *

آپ کی امانت
آپ کی سیوا میں
(مضامین)

محمد کلیم صدیقی

© Mohd Kaleem Siddiqui

Aap ki Amanat Aap ki seva mein

by: Mohd Kaleem Siddiqui

Edition: March '2024

Publisher :

Taemeer Publications LLC (Michigan, USA / Hyderabad, India)

ISBN 978-93-5872-434-9

مصنف یا ناشر کی پیشگی اجازت کے بغیر اس کتاب کا کوئی بھی حصہ کسی بھی شکل میں بشمول ویب سائٹ پر
اَپ لوڈنگ کے لیے استعمال نہ کیا جائے۔ نیز اس کتاب پر کسی بھی قسم کے تنازع کو نمٹانے کا اختیار
صرف حیدرآباد (تلنگانہ) کی عدلیہ کو ہو گا۔

© محمد کلیم صدیقی

کتاب	:	**آپ کی امانت آپ کی سیوا میں**
مصنف	:	**محمد کلیم صدیقی**
پروف ریڈنگ / تدوین	:	اعجاز عبید
صنف	:	مذہب
ناشر	:	تعمیر پبلی کیشنز (حیدرآباد، انڈیا)
سالِ اشاعت	:	۲۰۲۴ء
صفحات	:	۳۴
سرورق ڈیزائن	:	تعمیر ویب ڈیزائن

حرفِ چند

ایک نادان بچہ سامنے سے ننگے پیر آ رہا ہو اور اس کا ننھا سا پاؤں سیدھے آگ پر پڑنے جا رہا ہو تو آپ کیا کریں گے؟ آپ فوراً اس بچے کو گود میں اٹھا لیں گے اور اسے آگ سے بچا کر بے انتہا خوشی محسوس کریں گے۔ اسی طرح اگر کوئی انسان آگ میں جھلس جائے یا جل جائے تو آپ تڑپ جاتے ہیں اور اس کے لیے آپ کے دل میں ہم دردی پیدا ہو جاتی ہے۔ کیا آپ نے کبھی سوچا: آخر ایسا کیوں ہے؟ اس لیے کہ تمام انسان ایک ہی ماں باپ ‘آدم و حوا’ کی اولاد ہیں اور ہر انسان کے سینے میں ایک دھڑکتا ہوا دل ہے، جس میں محبت ہے، ہم دردی ہے، غم گساری ہے۔ وہ دوسروں کے دکھ درد پر تڑپ اٹھتا ہے اور ان کی مدد کر کے خوش ہوتا ہے، اس لیے سچا انسان وہی ہے، جس کے سینے میں پوری انسانیت کے لیے محبت کا جذبہ ہو، جس کا ہر کام انسان کی خدمت کے لیے ہو اور جو کسی کو بھی دکھ درد میں دیکھ کر بے چین ہو جائے اور اس کی مدد اس کی زندگی کا لازمی تقاضا بن جائے۔

اس جہان میں انسان کی یہ زندگی عارضی ہے اور مرنے کے بعد اسے ایک اور زندگی ملنے والی ہے، جو دائمی ہو گی۔ اپنے سچے مالک کی بندگی اور اس کی اطاعت کے بغیر اسے مرنے کے بعد کی زندگی میں جنت حاصل نہیں ہو سکتی، بلکہ اسے ہمیشہ کے لیے

دوزخ کا ایندھن بننا پڑے گا۔

آج ہمارے لاکھوں کروڑوں بھائی اَن جانے میں دوزخ کا ایندھن بننے کی دوڑ میں لگے ہوئے ہیں اور ایسے راستے پر چل رہے ہیں، جو سیدھا دوزخ کی طرف جاتا ہے۔ اس ماحول میں ان تمام لوگوں کی ذمے داری ہے، جو اللہ واسطے انسانوں سے محبت کرتے ہیں اور سچی انسانیت پر یقین رکھتے ہیں کہ وہ آگے آئیں اور لوگوں کو دوزخ کی آگ سے بچانے کا اپنا فرض پورا کریں۔

ہمیں خوشی ہے کہ انسانوں سے سچی ہم دردی رکھنے والے اور ان کو دوزخ کی آگ سے بچانے کے دکھ میں گھلنے والے مولوی محمد کلیم صدیقی صاحب نے آپ کی خدمت میں پیار و محبت کے کچھ پھول پیش کیے ہیں، جس میں انسانیت کے لیے ان کی محبت صاف جھلکتی ہے اور اس کے ذریعے انھوں نے وہ فرض پورا کیا ہے، جو ایک سچے مسلمان ہونے کے ناطے ہم سب پر عائد ہوتا ہے۔

ان الفاظ کے ساتھ دل کے یہ ٹکڑے اور آپ کی امانت آپ کے سامنے پیش ہے۔

وصی سلیمان ندوی
ایڈیٹر، ماہنامہ ارمغان ولی اللہ
پھلت ضلع مظفر نگر (یوپی)

اللہ کے نام سے جو نہایت مہربان اور انتہائی رحم والا ہے

آپ کی امانت

مجھے معاف کر دیں:

میرے پیارے قارئین! مجھے معاف کر دیجیے، میں اپنی اور اپنی تمام مسلم برادری کی جانب سے آپ سے معذرت چاہتا ہوں، جس نے اس دنیا کے سب سے بڑے شیطان کے بہکاوے میں آ کر آپ کی سب سے بڑی دولت آپ تک نہیں پہنچائی۔ اس شیطان نے گناہ کی جگہ گنہ گار کی بے عزتی دل میں بٹھا کر اس پوری دنیا کو جنگ کا میدان بنا دیا۔ اس غلطی کا خیال کر کے ہی میں نے آج قلم اٹھایا ہے کہ آپ کا حق آپ تک پہنچاؤں اور بغیر کسی لالچ کے محبت اور انسانیت کی باتیں آپ کو بتاؤں۔

وہ سچا مالک جو دلوں کے حال جانتا ہے، گواہ ہے کہ ان صفحات کو آپ تک پہنچانے میں انتہائی اخلاص کے ساتھ میں حقیقی ہم دردی کا حق ادا کرنا چاہتا ہوں۔ ان باتوں کو آپ تک نہ پہنچانے کے غم میں کتنی راتوں کی میری نیند اڑی ہے۔

ایک محبت بھری بات:

یہ بات کہنے کی نہیں، مگر میری تمنا ہے کہ میری ان محبت بھری باتوں کو آپ پیار کی آنکھوں سے دیکھیں اور پڑھیں۔ اس مالک کے بارے میں جو سارے جہان کو چلانے اور بنانے والا ہے، غور کریں، تا کہ میرے دل اور میری روح کو سکون حاصل ہو کہ میں نے اپنے بھائی یا بہن کی امانت اس تک پہنچائی اور اپنے انسان اور بھائی ہونے کا فرض ادا کر دیا۔

اس جہان میں آنے کے بعد ایک انسان کے لیے جس سچائی کو جاننا اور ماننا ضروری

ہے اور جو اس کی سب سے بڑی ذمے داری اور فرض ہے، وہ محبت بھری بات میں آپ کو سنانا چاہتا ہوں۔

فطرت کا سب سے بڑا سچ:

اس جہان، بلکہ فطرت کی سب سے بڑی سچائی یہ ہے کہ اس جہان، تمام مخلوقات اور پوری کائنات کو بنانے والا، پیدا کرنے والا، اور اس کا نظام چلانے والا صرف اور صرف ایک اکیلا مالک ہے۔ وہ اپنی ذات، صفات اور اختیارات میں اکیلا ہے۔ دنیا کو بنانے، چلانے، مارنے اور جلانے میں اس کا کوئی شریک نہیں۔ وہ ایک ایسی طاقت ہے، جو ہر جگہ موجود ہے۔ ہر ایک کی سنتا ہے، ہر ایک کو دیکھتا ہے۔ سارے جہان میں ایک پتّہ بھی اس کی اجازت کے بغیر جنبش نہیں کر سکتا۔ ہر انسان کی روح اس کی گواہی دیتی ہے، چاہے وہ کسی بھی مذہب کا ماننے والا ہو اور چاہے وہ مورتی کا پجاری ہی کیوں نہ ہو، مگر اندر سے وہ یقین یہی رکھتا ہے کہ پیدا کرنے والا، پالنے والا، رب اور اصلی مالک تو صرف وہی ایک ہے۔

انسان کی عقل میں بھی اس کے علاوہ کوئی اور بات نہیں آتی کہ سارے جہان کا مالک ایک ہی ہے۔ اگر کسی اسکول کے دو پرنسپل ہوں تو اسکول نہیں چل سکتا۔ اگر ایک گاؤں کے دو پر دھان ہوں تو گاؤں کا نظام تلپٹ ہو جائے گا۔ کسی ایک دیش کے دو بادشاہ نہیں ہو سکتے تو اتنی بڑی کائنات کا انتظام ایک سے زیادہ خدا یا مالکوں کے ذریعے کیسے چل سکتا ہے اور دنیا کی منتظم کئی ہستیاں کس طرح ہو سکتی ہیں؟!

ایک دلیل:

قرآن جو اللہ کا کلام ہے، اس نے دنیا کو اپنی حقانیت بتانے کے لیے یہ دعوا کیا ہے کہ "ہم نے جو کچھ اپنے بندے پر (قرآن) اتارا ہے، اس میں اگر تم کو شک ہے (کہ

قرآن اس مالک کا سچا کلام نہیں ہے) تو اس جیسی ایک سورت ہی (بنا) لے آؤ اور چاہو تو اس کام کے لیے اللہ کے سوا اپنے مددگاروں کو بھی (مدد کے لیے) بلالو، اگر تم سچے ہو o "
(ترجمہ القرآن، البقرۃ ۲۳:۲)

چودہ سو سال سے آج تک دنیا کے قابل ترین ادیب، عالم اور دانش ور تحقیق اور ریسرچ کر کے عاجز ہو چکے اور اپنا سر جھکا چکے ہیں۔ حقیقت میں کوئی بھی اللہ کے اس چیلنج کا جواب نہ دے سکا اور نہ دے سکے گا۔

اس پاک کتاب میں مالک نے ہماری عقل کو اپیل کرنے کے لیے بہت سی دلیلیں دی ہیں۔ ایک مثال یہ ہے کہ:

"اگر زمین اور آسمانوں میں اللہ کے علاوہ مالک و حاکم ہوتے تو ان دونوں میں بڑی خرابی اور فساد مچ جاتا۔" (ترجمہ القرآن، الانبیاء ۲۲:۱۲)

بات صاف ہے۔ اگر ایک کے علاوہ کئی حاکم و مالک ہوتے تو جھگڑا ہوتا۔ ایک کہتا: اب رات ہو گی، دوسرا کہتا: دن ہو گا۔ ایک کہتا: چھے مہینے کا دن ہو گا، دوسرا کہتا: تین مہینے کا ہو گا۔ ایک کہتا: سورج آج پچھم سے نکلے گا، دوسرا کہتا: نہیں، پورب سے نکلے گا۔ اگر دیوی دیوتاؤں کو یہ حق واقعی ہوتا اور وہ اللہ کے کاموں میں شریک بھی ہوتے تو کبھی ایسا ہوتا کہ ایک غلام نے پوجا ارچنا کر کے بارش کے دیوتا سے اپنی بات منوالی، تو بڑے مالک کی جانب سے آرڈر آتا کہ ابھی بارش نہیں ہوگی، پھر نیچے والے ہڑتال کر دیتے۔ اب لوگ بیٹھے ہیں کہ دن نہیں نکلا، معلوم ہوا کہ سورج دیوتا نے ہڑتال کر رکھی ہے۔

سچی گواہی:

سچ یہ ہے کہ دنیا کی ہر چیز گواہی دے رہی ہے، یہ منظم طریقے پر چلتا ہوا کائنات کا نظام گواہی دے رہا ہے کہ جہان کا مالک اکیلا اور صرف ایک ہے۔ وہ جب چاہے اور جو

چاہے کر سکتا ہے۔ اس کو تصورات اور خیالوں میں نہیں باندھا جاسکتا، اس کی تصویر نہیں بنائی جاسکتی۔ اس مالک نے سارے جہان کو انسانوں کے فائدے اور ان کی خدمت کے لیے پیدا کیا ہے۔ سورج انسان کا خدمت گار، ہوا انسان کی خادم، یہ زمین بھی انسان کی خدمت گار ہے۔ آگ، پانی، جان دار اور بے جان دنیا کی ہر شے انسان کی خدمت کے لیے بنائی گئی ہے۔ اور مالک نے انسان کو اپنا بندہ بنا کر اسے اپنی بندگی اور حکم ماننے کے لیے پیدا کیا ہے، تاکہ وہ اس دنیا کے تمام معاملات صحیح طور سے انجام دے اور ساتھ ہی اس کا مالک و معبود اس سے راضی و خوش ہو جائے۔

انصاف کی بات یہ ہے کہ جب پیدا کرنے والا، زندگی دینے والا، موت دینے والا، کھانا، پانی دینے والا اور زندگی کی ہر ضرورت فراہم کرنے والا وہی ایک ہے تو سچے انسان کو اپنی زندگی اور زندگی سے متعلق تمام معاملات اپنے مالک کی مرضی کے مطابق اس کا فرماں بردار ہو کر پورے کرنے چاہییں۔ اگر کوئی انسان اپنی زندگی اس اکیلے مالک کا حکم مانتے ہوئے نہیں گزار رہا ہے تو صحیح معنوں میں وہ انسان کہلانے کے لائق نہیں۔

ایک بڑی سچائی:

اس سچے مالک نے اپنی سچی کتاب قرآنِ مجید میں بہت سی سچائیوں میں سے ایک سچائی ہم کو یہ بتائی ہے:

”ہر ایک نفس (جان دار) کو موت کا مزہ چکھنا ہے، پھر تم سب ہماری ہی طرف لوٹائے جاؤ گے ○ “ (ترجمہ القرآن، العنکبوت ۵۷:۲۹)

اس آیت کے دو حصے ہیں۔ پہلا یہ ہے کہ ہر ایک جان دار کو موت کا مزہ چکھنا ہے۔ یہ ایسی بات ہے کہ ہر مذہب، ہر طبقے اور ہر جگہ کا آدمی اس بات پر یقین رکھتا ہے، بلکہ جو مذہب کو مانتا بھی نہیں، وہ بھی اس سچائی کے آگے سر جھکاتا ہے اور جان ور تک موت کی

سچائی کو سمجھتے ہیں۔ چوہا بلّی کو دیکھتے ہی جان بچا کر بھاگتا ہے اور کتا بھی سڑک پر آتی ہوئی کسی گاڑی کو دیکھ کر اپنے بچاؤ کے لیے تیزی سے ہٹ جاتا ہے، اس لیے کہ ان کو سمجھ ہے کہ اگر انھوں نے ایسا نہ کیا تو ان کی موت یقینی ہے۔

موت کے بعد:

اس آیت کے دوسرے حصے میں قرآنِ مجید ایک اور بڑی سچائی کی طرف ہمیں متوجہ کرتا ہے۔ اگر وہ انسان کی سمجھ میں آجائے تو سارے جہان کا ماحول بدل جائے۔ وہ سچائی یہ ہے کہ تم مرنے کے بعد میری ہی طرف لوٹائے جاؤ گے اور اس دنیا میں جیسا کام کرو گے، ویسا ہی بدلہ پاؤ گے۔

مرنے کے بعد تم مٹی میں مل جاؤ گے یا گل سڑ جاؤ گے اور دوبارہ پیدا نہیں کیے جاؤ گے، ایسا نہیں ہے۔ نہ ہی یہ سچ ہے کہ مرنے کے بعد تمہاری روح کسی اور جسم میں داخل ہو جائے گی، یہ نظریہ کسی بھی اعتبار سے انسانی عقل کی کسوٹی پر کھرا نہیں اترتا۔

پہلی بات یہ ہے کہ آواگمن کا یہ مفروضہ ویدوں میں موجود نہیں ہے۔ بعد کے پرانوں (دیومالائی کہانیوں) میں اس کا بیان ہے۔ اس نظریے کی ابتدا اس طرح ہوئی کہ شیطان نے مذہب کے نام پر لوگوں کو اونچ نیچ میں جکڑ دیا۔ مذہب کے نام پر شودروں سے خدمت لینے اور ان کو نیچ اور رذیل سمجھنے والے مذہب کے ٹھیکے داروں سے سماج کے دبے کچلے طبقے کے لوگوں نے جب یہ سوال کیا کہ جب ہمارا پیدا کرنے والا خدا ہے اور اس نے سب انسانوں کو آنکھ، کان، ناک ہر چیز میں برابر بنایا ہے تو آپ لوگ اپنے آپ کو اونچا اور ہمیں نیچا اور رذیل کیوں سمجھتے ہیں؟ اس کا انھوں نے آواگمن کا سہارا لے کر یہ جواب دیا کہ تمہاری پچھلی زندگی کے برے کاموں نے تمہیں اس جنم میں نیچ اور رذیل بنایا ہے۔

اس نظریے کے مطابق ساری روحیں دوبارہ پیدا ہوتی ہیں۔ اور اپنے کاموں کے حساب سے جسم بدل بدل کر آتی ہیں۔ زیادہ برے کام کرنے والے لوگ جانوروں کے جسموں میں پیدا ہوتے ہیں۔ ان سے زیادہ برے کام کرنے والے نباتات کے قالب میں چلے جاتے ہیں۔ جن کے کام اچھے ہوتے ہیں، وہ آواگمن کے چکر سے نجات حاصل کر لیتے ہیں۔

آواگمن کے خلاف تین دلائل:

۱- اس سلسلے میں سب سے بڑی بات یہ ہے کہ سائنس دانوں کا کہنا ہے کہ اس زمین پر سب سے پہلے نباتات پیدا ہوئیں، پھر جان ور پیدا ہوئے اور اس کے کروڑوں سال بعد انسان کی پیدائش ہوئی۔ اب جب کہ انسان ابھی اس زمین پر پیدا ہی نہیں ہوا تھا اور کسی انسانی روح نے ابھی برا کام ہی نہیں کیا تھا تو سوال پیدا ہوتا ہے کہ وہ کس کی روحیں تھیں، جنھوں نے ان گنت بے حد و حساب جان وروں اور پیڑ پودوں کی صورت میں جنم لیا؟

۲- دوسری بات یہ ہے کہ اس نظریے کو مان لینے کے بعد تو ہونا یہ چاہیے تھا کہ زمین پر جان داروں کی تعداد میں مسلسل کمی واقع ہوتی۔ جو روحیں آواگون سے نجات حاصل کر لیتیں، ان کی تعداد کم ہوتی رہنی چاہیے تھی، جب کہ یہ حقیقت ہمارے سامنے ہے کہ زمین پر انسانوں، جان وروں اور نباتات ہر قسم کے جان داروں کی تعداد میں لگاتار بے پناہ اضافہ ہو رہا ہے۔

۳- تیسری بات یہ ہے کہ اس دنیا میں پیدا ہونے والوں اور مرنے والوں کی تعداد میں زمین آسمان کا فرق دکھائی دیتا ہے۔ مرنے والوں کے مقابلے میں پیدا ہونے والوں کی تعداد کہیں زیادہ ہے۔ کھرب ہا کھرب ان گنت مچھر پیدا ہو جاتے ہیں، جب کہ مرنے

والے اس سے بہت کم ہوتے ہیں۔

کبھی اپنے دیش میں کچھ بچوں کے بارے میں یہ مشہور ہو جاتا ہے کہ وہ اس جگہ کو پہچان رہا ہے، جہاں وہ پچھلے جنم میں رہتا تھا، اپنا پرانا نام بھی بتا رہا ہے۔ اور یہ بھی کہ اس نے دوبارہ جنم لیا ہے۔ صحیح بات تو یہ ہے کہ ان تمام باتوں کا حقیقت سے کوئی تعلق نہیں ہوتا۔ اس قسم کی چیزیں مختلف قسم کی نفسیاتی و دماغی امراض یا روحانی و سماجی و ماحولیاتی رد عمل کا نتیجہ ہوتی ہیں، جس کا مناسب انداز میں علاج کرایا جانا چاہیے۔ اصل حقیقت سے ان کا دور کا بھی واسطہ نہیں ہوتا ہے۔

سچی بات یہ ہے کہ یہ سچائی مرنے کے بعد ہر انسان کے سامنے آ جائے گی کہ انسان مرنے کے بعد اپنے پیدا کرنے والے مالک کے پاس جاتا ہے، اور اس نے اس جہان میں جیسے اچھے برے کام کیے ہوں گے، اس کے حساب سے قیامت میں سزا یا اچھا بدلہ پائے گا۔

اعمال کا پھل ملے گا:

اگر انسان اپنے رب کی عبادت اور اس کی بات مانتے ہوئے اچھے کام کرے گا، بھلائی اور نیکی کے راستے پر چلے گا تو وہ اپنے رب کے فضل سے جنت میں جائے گا۔ جنت جہاں آرام کی ہر چیز ہے، بلکہ وہاں تو عیش و آرام کی ایسی چیزیں بھی ہیں، جن کو اس دنیا میں نہ کسی آنکھ نے دیکھا، نہ کسی کان نے سنا اور نہ کسی دل میں ان کا خیال گزرا۔ اور سب سے بڑی جنت کی نعمت یہ ہو گی کہ جنتی لوگ وہاں اپنی آنکھوں سے اپنے رب کا دیدار کر سکیں گے، جس کے برابر آنند اور مسرت کی کوئی چیز نہیں ہو گی۔

اسی طرح جو لوگ برے کام کریں گے، اپنے رب کی خدائی میں دوسروں کو شریک کریں گے اور سرکشی کرکے اپنے مالک کی نافرمانی کریں گے، وہ جہنم میں ڈالے جائیں گے۔

وہ وہاں آگ میں جلیں گے۔ وہاں انہیں ان کے گناہوں اور جرموں کی سزا ملے گی۔ اور سب سے بڑی سزا یہ ہوگی کہ وہ اپنے مالک کے دیدار سے محروم رہ جائیں گے اور ان پر اُن کے مالک کا دردناک عذاب ہوگا۔

رب کا شریک بنانا سب سے بڑا گناہ ہے:

اس سچے اصلی مالک نے اپنی کتاب قرآن میں ہمیں بتایا ہے کہ نیکیاں اور اچھے کام چھوٹے بھی ہوتے ہیں اور بڑے بھی، اسی طرح اس مالک کے یہاں جرم و گناہ اور برے کام بھی چھوٹے بڑے ہوتے ہیں۔ اس نے ہمیں بتایا ہے کہ جو جرم و گناہ انسان کو سب سے زیادہ اور سب سے بھیانک سزا کا حق دار بناتا ہے، جس کو وہ کبھی معاف نہیں کرے گا اور جس کا کرنے والا ہمیشہ ہمیش جہنم میں جلتا رہے گا۔ وہ جہنم سے باہر نہیں جاسکے گا، وہ موت کی تمنا کرے گا، لیکن اس کو موت کبھی نہیں آئے گی۔ وہ جرم اس اکیلے رب کی ذات یا اس کی صفات و اختیارات میں کسی کو شریک بنانا ہے۔ اس کے علاوہ کسی دوسرے کے آگے اپنے سر یا ماتھے کو ٹیکنا ہے۔ اس کے علاوہ کسی اور کو پوجا کے قابل ماننا، مارنے والا، زندہ کرنے والا، روزی دینے والا اور نفع و نقصان کا مالک سمجھنا بہت بڑا گناہ اور انتہائی درجے کا ظلم ہے، چاہے ایسا کسی دیوی دیوتا کو مانا جائے یا سورج چاند، ستارے یا کسی پیر فقیر کو، کسی کو بھی اس مالک کی ذات یا صفات و اختیارات میں برابر یا شریک سمجھنا شرک ہے، جس کو وہ مالک کبھی معاف نہیں کرے گا۔ اس کے علاوہ کسی بھی گناہ کو اگر وہ چاہے تو معاف کر دے گا۔ اس گناہ کو خود ہماری عقل بھی اتنا ہی برا سمجھتی ہے اور ہم بھی اس عمل کو اتنا ہی ناپسند کرتے ہیں۔

ایک مثال:

مثال کے طور پر اگر کسی کی بیوی بڑی نک چڑھی ہو، ذرا ذرا سی بات پر جھگڑے پر اتر

آتی ہو، کچھ کہنا سننا نہیں مانتی ہو، لیکن وہ اگر اس سے گھر سے نکلنے کو کہہ دے تو وہ کہتی ہے کہ میں صرف تیری ہوں، تیری رہوں گی، تیرے دروازے پر مروں گی اور ایک پل کے لیے تیرے گھر سے باہر نہیں جاؤں گی تو شوہر لاکھ غصے کے بعد بھی اس سے نبھانے کے لیے مجبور ہو جائے گا۔

اس کے برخلاف اگر کسی کی بیوی نہایت خدمت گزار اور حکم کی پابند ہو، وہ ہر وقت اس کا خیال رکھتی ہو، شوہر آدھی رات کو گھر پر آتا ہو تو اس کا انتظار کرتی رہتی ہو، اس کے لیے کھانا گرم کر کے اس کے سامنے پیش کرتی ہو، اس سے پیار و محبت کی باتیں بھی کرتی ہو، وہ ایک دن اس سے کہنے لگے کہ آپ میرے شریکِ حیات ہیں، لیکن میرا اکیلے آپ سے کام نہیں چلتا، اس لیے اپنے فلاں پڑوسی کو بھی میں نے آج سے اپنا شوہر بنا لیا ہے تو اگر اس کے شوہر میں کچھ بھی غیرت کا مادہ ہے تو وہ یہ برداشت نہیں کر پائے گا۔ وہ ایک پل کے لیے ایسی احسان فراموش بے حیا عورت کو اپنے پاس رکھنا پسند نہ کرے گا۔

آخر ایسا کیوں ہے؟ صرف اس لیے کہ کوئی شوہر اپنے مخصوص شوہرانہ حقوق میں کسی کو شریک دیکھنا نہیں چاہتا۔ آپ نطفے کی ایک بوند سے بنی اولاد میں کسی اور کو اپنا شریک بنانا پسند نہیں کرتے، تو وہ مالک جو انتہائی حقیر بوند سے انسان کو پیدا کرتا ہے، وہ کیسے یہ برداشت کر لے گا کہ اس کا پیدا کردہ انسان اس کے ساتھ کسی اور کو اس کا شریک بنائے۔ اس کے ساتھ کسی اور کی بھی عبادت کی جائے اور بات مانی جائے، جب کہ اس پورے جہان میں جس کو جو کچھ دیا ہے، اسی نے عطا کیا ہے۔ جس طرح ایک طوائف اپنی عزت و آبرو بیچ کر ہر آنے والے آدمی کو اپنے اوپر قبضہ دے دیتی ہے تو اس کی وجہ سے وہ ہماری نظروں سے گری ہوئی رہتی ہے، وہ آدمی اپنے مالک کی نظروں میں اس سے زیادہ نیچ اور گرا ہوا ہے، جو اس کو چھوڑ کر کسی دوسرے کی عبادت میں مست ہو، چاہے وہ کوئی

دیوتا ہو یا فرشتہ، جن ہو یا انسان، بت ہو یا مورتی، قبر ہو یا استھان یا کوئی دوسری خیالی یا حقیقی شے۔

قرآنِ پاک میں مورتی پوجا کی مخالفت:

مورتی پوجا کے لیے قرآنِ مجید میں ایک مثال پیش کی گئی ہے، جو غور کرنے کے قابل ہے:

"اللہ کو چھوڑ کر تم جن (مورتی، قبر و استھان والوں) کو پکارتے ہو، وہ سب مل کر ایک مکھی بھی پیدا نہیں کر سکتے۔ (پیدا کرنا تو دور کی بات ہے)، اگر مکھی ان کے سامنے سے کوئی چیز (پرساد وغیرہ) چھین لے جائے تو اسے واپس بھی نہیں لے سکتے۔ طلب کرنے والا اور جس سے طلب کیا جا رہا ہے، دونوں کتنے کمزور ہیں ٥ اور انھوں نے اللہ کی اس طرح قدر نہیں کی، جیسی کرنی چاہیے تھی، بلاشبہ اللہ طاقت ور اور زبردست ہے ٥"
(ترجمہ القرآن، الحج ۷۳:۲۲-۷۴)

کتنی اچھی مثال ہے۔ بنانے والا تو خود اللہ ہے۔ اپنے ہاتھوں سے بنائی گئی مورتیوں اور بتوں کے بنانے والے غافل انسان ہیں۔ اگر ان مورتیوں میں تھوڑی بہت سمجھ ہوتی تو وہ انسانوں کی عبادت کرتیں۔

ایک بودا خیال:

کچھ لوگوں کا ماننا یہ ہے کہ ہم ان کی عبادت اس لیے کرتے ہیں کہ انھوں نے ہی ہمیں مالک کا راستہ دکھایا اور ان کے وسیلے سے ہم مالک کی عنایت حاصل کرتے ہیں۔ یہ بالکل ایسی بات ہوئی کہ کوئی قلی سے ٹرین کے بارے میں معلوم کرے اور جب قلی اسے ٹرین کے بارے میں معلومات دے دے تو وہ ٹرین کی جگہ قلی پر ہی سوار ہو جائے، کہ اس نے ہی ہمیں ٹرین کے بارے میں بتایا ہے۔ اسی طرح اللہ کی صحیح سمت اور راستہ بتانے

والے کی عبادت کرنا بالکل ایسا ہے، جیسے ٹرین کو چھوڑ کر قلی پر سوار ہو جانا۔

کچھ بھائی یہ بھی کہتے ہیں کہ ہم صرف دھیان جمانے اور توجہ مرکوز کرنے کے لیے ان مورتیوں کو رکھتے ہیں۔ یہ بھی خوب رہی کہ خوب غور سے کسی کھمبے کو دیکھ رہے ہیں اور کہہ رہے ہیں کہ ہم تو صرف والد صاحب کا دھیان جمانے کے لیے کھمبے کو دیکھ رہے ہیں! کہاں والد صاحب اور کہاں کھمبا؟ کہاں یہ کم زور مورتی اور کہاں وہ انتہائی زبردست، رحیم و کریم مالک! اس سے دھیان بندھے گا یا بٹے گا؟

خلاصہ یہ ہے کہ کسی بھی طرح سے کسی کو بھی اللہ کا شریک ماننا سب سے بڑا گناہ ہے، جس کو وہ کبھی بھی معاف نہیں کرے گا اور ایسا آدمی ہمیشہ کے لیے جہنم کا ایندھن بنے گا۔

سب سے بڑی نیکی ایمان ہے:

اسی طرح سب سے بڑی بھلائی اور نیکی ''ایمان'' ہے، جس کے بارے میں دنیا کے تمام مذہب والے یہ کہتے ہیں کہ سب کچھ یہیں چھوڑ جانا ہے، مرنے کے بعد آدمی کے ساتھ صرف ایمان جائے گا۔ ایمان داری یا ایمان والا اس کو کہتے ہیں، جو حق والے کو حق دینے والا ہو، اس کے برخلاف حق مارنے والے کو ظالم کہتے ہیں۔ اس انسان پر سب سے بڑا حق اس کے پیدا کرنے والے کا ہے۔ وہ یہ کہ سب کو پیدا کرنے والا، موت و زندگی دینے والا مالک، رب اور عبادت کے لائق صرف اکیلا اللہ ہے تو پھر اسی کی عبادت کی جائے، اسی کو مالک، نفع و نقصان، عزت و ذلت دینے والا سمجھا جائے اور اس کی دی ہوئی زندگی اسی کی مرضی اور اطاعت کے مطابق بسر کی جائے، اسی کو مانا جائے اور اسی کی مانی جائے۔ اسی کا نام ایمان ہے۔ صرف اسی ایک کو مالک مانے بغیر، اور اس کی تابع داری کیے بغیر انسان ایمان دار یعنی ایمان والا نہیں ہو سکتا، بلکہ وہ بے ایمان اور کافر کہلائے گا۔

مالک کا سب سے بڑا حق مار کر لوگوں کے سامنے اپنی ایمان داری جتانا ایسا ہی ہے کہ ایک ڈاکو بہت بڑی ڈکیتی سے مال دار بن جائے اور پھر دوکان پر لالہ جی سے کہے کہ آپ کا ایک روپیہ میرے پاس حساب میں زیادہ آگیا ہے، آپ لے لیجیے۔ اتنا مال لوٹنے کے بعد ایک روپیے کا حساب دینا جیسی ایمان داری ہے، اپنے مالک کو چھوڑ کر کسی اور کی عبادت کرنا اس سے بھی بدتر ایمان داری ہے۔

ایمان صرف یہ ہے کہ انسان اپنے مالک کو اکیلا مانے، اس اکیلے کی عبادت کرے اور زندگی کی ہر گھڑی کو مالک کی مرضی اور اس کے حکم کے مطابق بسر کرے۔ اس کی دی ہوئی زندگی کو اس کی مرضی کے مطابق گزارنا ہی دین کہلاتا ہے۔ اور اس کے احکامات کو ٹھکرادینا بے دینی۔

سچا دین:

سچا دین شروع سے ہی ایک ہے اور اس کی تعلیم ہے کہ اس اکیلے ہی کو مانا جائے اور اسی کا حکم بھی مانا جائے، اللہ نے قرآنِ مجید میں کہا ہے:

"دین تو اللہ کے نزدیک صرف اسلام ہے۔"

(ترجمہ القرآن، آل عمران ۳:۱۹)

"اسلام کے علاوہ جو بھی کسی اور دین کو اختیار کرے گا، وہ نا قابلِ قبول ہو گا اور ایسا شخص آخرت میں نقصان اٹھانے والوں میں ہو گا o"

(ترجمہ القرآن، آل عمران ۳: ۸۵)

انسان کی کم زوری ہے کہ اس کی نظر ایک مخصوص حد تک دیکھ سکتی ہے۔ اس کے کان ایک حد تک سن سکتے ہیں، اس کے سونگھنے، چکھنے اور چھونے کی قوت بھی محدود ہے۔ ان پانچ حواس سے اس کی عقل کو معلومات فراہم ہوتی ہے، اسی طرح عقل کی رسائی کی

بھی ایک حد ہے۔

وہ مالک کس طرح کی زندگی پسند کرتا ہے؟ اس کی عبادت کس طرح کی جائے؟ مرنے کے بعد کیا ہوگا؟ جنت کن لوگوں کو ملے گی؟ وہ کون سے کام ہیں، جن کے نتیجے میں انسان جہنم میں جائے گا؟ اس سب کا پتا انسانی عقل، فہم اور علم سے نہیں لگایا جاسکتا۔

پیغمبر:

انسان کی اس کمزوری پر رحم کر کے اس کے رب نے اپنے بندوں میں سے ان عظیم انسانوں پر جن کو اس نے اس ذمے داری کے قابل سمجھا، اپنے فرشتوں کے ذریعے ان پر اپنا پیغام نازل کیا، جنھوں نے انسان کو زندگی بسر کرنے اور بندگی کے طور طریقے بتائے اور زندگی کی وہ حقیقتیں بتائیں، جو وہ اپنی عقل کی بنیاد پر نہیں سمجھ سکتا تھا۔ ایسے بزرگ اور عظیم انسان کو نبی، رسول یا پیغمبر کہا جاتا ہے۔ اسے اوتار بھی کہہ سکتے ہیں، بشرطے کہ اوتار کا مطلب ہو "وہ انسان جس کو اللہ نے انسانوں تک اپنا پیغام پہنچانے کے لیے منتخب کیا ہو۔" لیکن آج کل اوتار کا مطلب یہ سمجھا جاتا ہے کہ خدا انسان کی صورت میں زمین پر اترا ہے۔ یہ فضول خیال اور اندھی عقیدت ہے۔ یہ بہت بڑا گناہ ہے۔ اس باطل تصور نے انسان کو ایک مالک کی عبادت سے ہٹا کر اسے مورتی پوجا کی دلدل میں پھنسا دیا۔

وہ عظیم انسان جن کو اللہ نے لوگوں کو سچا راستہ بتانے کے لیے چنا اور جن کو نبی اور رسول کہا گیا، ہر قوم میں آتے رہے ہیں۔ ان سب نے لوگوں کو ایک اللہ کو ماننے، صرف اسی اکیلے کی عبادت کرنے اور اس کی مرضی سے زندگی گزارنے کا جو طریقہ (شریعت یا مذہبی قانون) وہ لائے، اس کی پابندی کرنے کو کہا۔ ان میں سے کسی رسول نے بھی ایک اللہ کے علاوہ کسی اور کی عبادت کی دعوت نہیں دی، بلکہ انھوں نے اس کو سب سے

بھیانک اور بڑا جرم قرار دیتے ہوئے سب سے زیادہ اسی گناہ سے روکا۔ ان کی باتوں پر لوگوں نے یقین کیا اور سچے راستوں پر چلنے لگے۔

مورتی پوجا کی ابتدا:

ایسے تمام پیغمبر اور ان کے ماننے والے لوگ نیک انسان تھے، ان کو موت آنی تھی (جس کو موت نہیں، وہ صرف اللہ ہے)۔ نبی یا رسول یا نیک لوگوں (بزرگوں) کی موت کے بعد ان کے ماننے والوں کو ان کی یاد آئی اور وہ ان کی یاد میں بہت روتے تھے۔ شیطان کو موقع مل گیا۔ وہ انسان کا دشمن ہے اور انسان کے امتحان کے لیے مالک اللہ نے اس کو بہکانے اور بری باتیں انسان کے دل میں ڈالنے کی ہمت دی ہے کہ دیکھیں کون اس پیدا کرنے والے مالک کو مانتا ہے اور کون شیطان کو مانتا ہے۔

شیطان لوگوں کے پاس آیا اور کہا کہ تمہیں اپنے رسول یا نبی یا بزرگوں سے بڑی محبت ہے۔ مرنے کے بعد وہ تمہاری نظروں سے اوجھل ہو گئے ہیں، یہ سب اللہ کے چہیتے بندے ہیں، اللہ ان کی بات نہیں ٹالتا ہے، اس لیے میں ان کی ایک مورتی بنا دیتا ہوں، اس کو دیکھ کر تم سکون پاسکتے ہو۔ شیطان نے مورتی بنائی۔ جب ان کا دل چاہتا، وہ اسے دیکھا کرتے تھے۔ آہستہ آہستہ جب اس مورتی کی محبت ان کے دل میں بس گئی تو شیطان نے کہا کہ یہ رسول، نبی و بزرگ اللہ سے بہت قریب ہیں، اگر تم ان کی مورتی کے آگے اپنا سر جھکاؤ گے تو اپنے کو خدا کے قریب پاؤ گے اور اللہ تمہاری بات مان لے گا، یا تم خدا سے قریب ہو جاؤ گے۔ انسان کے دل میں مورتی کی محبت پہلے ہی گھر کر چکی تھی، اس لیے اس نے مورتی کے آگے سر جھکانا اور اسے پوجنا شروع کر دیا اور وہ انسان جس کی عبادت کے لائق صرف ایک اللہ تھا، مورتیوں کو پوجنے لگا اور شرک میں پھنس گیا۔

انسان جسے اللہ نے زمین پر خلیفہ بنایا تھا، جب اللہ کے علاوہ دوسروں کے آگے جھکنے

لگا تو اپنی اور دوسروں کی نظروں میں ذلیل و خوار ہوا اور مالک کی نظروں سے گر کر ہمیشہ کے لیے دوزخ اس کا ٹھکانا بن گیا۔ اس کے بعد اللہ نے پھر اپنے رسول بھیجے، جنھوں نے لوگوں کو مورتی پوجا ہی نہیں، ہر قسم کے شرک اور ظلم و ستم سے تعلق رکھنے والی برائیوں اور اخلاقی خرابیوں سے روکا، کچھ لوگوں نے ان کی بات مانی، اور کچھ لوگوں نے ان کی نافرمانی کی۔ جن لوگوں نے بات مانی، اللہ ان سے خوش ہوا، اور جن لوگوں نے ان کی ہدایت اور نصیحتوں کی خلاف ورزی کی، اللہ کی جانب سے دنیا ہی میں ان کو تباہ و برباد کر دینے والے فیصلے کیے گئے۔

رسولوں کی تعلیم:

ایک کے بعد ایک نبی اور رسول آتے رہے، ان کے دین کی بنیاد ایک ہوتی، وہ ایک دین کی طرف بلاتے کہ ایک اللہ کو مانو، کسی کو اس کی ذات اور صفات و اختیارات میں شریک نہ ٹھہراؤ، اس کی عبادت و اطاعت میں کسی کو شریک نہ کرو، اس کے سب رسولوں کو سچا جانو، اس کے فرشتے جو اس کے بندے اور پاک مخلوق ہیں، جو نہ کھاتے پیتے ہیں، نہ سوتے ہیں، ہر کام میں مالک کی فرماں برداری کرتے ہیں، اس کی نافرمانی نہیں کر سکتے، وہ اللہ کی خدائی یا اس کے معاملات میں ذرہ برابر بھی دخیل نہیں ہیں، ان کی اس حیثیت کو تسلیم کرو۔ اس نے اپنے فرشتوں کے ذریعے سے اپنے رسولوں و نبیوں پر جو وحی بھیجی یا کتابیں نازل کیں، ان سب کو سچا جانو، مرنے کے بعد دوبارہ زندگی پا کر اپنے اچھے برے کاموں کا بدلہ پانا ہے، اس پر یقین کے ساتھ اسے برحق جانو اور یہ بھی مانو کہ جو کچھ تقدیر میں اچھا یا برا ہے، وہ مالک کی طرف سے ہے اور رسول اس وقت اللہ کی جانب سے جو شریعت اور زندگی گزارنے کا طریقے لے کر آیا ہے، اس پر چلو اور جن برائیوں اور حرام کاموں اور چیزوں سے اس نے منع کیا، ان کو نہ کرو۔

جتنے اللہ کے نبی اور رسول آئے، سب سچے تھے اور ان پر جو مقدس کلام نازل ہوا، وہ سب سچا تھا۔ ان سب پر ہمارا ایمان ہے اور ہم ان میں فرق نہیں کرتے۔ حق بات تو یہ ہے کہ جنھوں نے ایک اللہ کو ماننے کی دعوت دی ہو، ان کی تعلیمات میں ایک مالک کو چھوڑ کر دوسروں کی پوجا ہی نہیں خود اپنی پوجا کی بھی بات نہ ہو، ان کے سچے ہونے میں کیا کلام ہو سکتا ہے؟ البتہ جن مہاپرشوں کے یہاں مورتی پوجا یا بہت سے معبودوں کی عبادت کی تعلیم ملتی ہے، یا تو ان کی تعلیمات میں رد و بدل کر دی گئی یا وہ رسول ہی نہیں ہیں۔ محمد ﷺ سے پہلے کے تمام رسولوں کی زندگی کے حالات میں رد و بدل کر دیا گیا ہے اور ان کی تعلیمات کے بڑے حصے کو بھی تبدیل کر دیا گیا ہے۔

آخری پیغمبر محمد ﷺ:

یہ ایک بیش قیمت سچ ہے کہ ہر آنے والے رسول اور نبی کی زبان سے اور اس پر اللہ کی جانب سے اتارے گئے صحیفوں میں ایک آخری نبی کی پیشین گوئی کی گئی ہے اور یہ کہا گیا ہے کہ ان کے آنے کے بعد اور ان کو پہچان لینے کے بعد ساری پرانی شریعتیں اور مذہبی قانون چھوڑ کر ان کی بات مانی جائے اور ان کے ذریعے لائے گئے آخری کلام اور مکمل دین پر چلا جائے۔ یہ بھی اسلام کی حقانیت کا ثبوت ہے کہ پچھلی کتابوں میں انتہائی رد و بدل کے باوجود اس مالک نے آخری رسول محمد ﷺ کے آنے کی خبر کو تبدیل نہ ہونے دیا، تاکہ کوئی یہ نہ کہہ سکے کہ ہمیں تو خبر ہی نہ تھی۔ ویدوں میں اس کا نام نراشنس، پرانوں میں کلکی اوتار، بائبل میں فارقلیط اور بودھ گرنتھوں میں آخری بدھ وغیرہ لکھا گیا ہے۔

ان مذہبی کتب میں محمد ﷺ کے علاقۂ پیدائش، زمانۂ پیدائش اور ان کی صفات وخوبیوں وغیرہ کے بارے میں واضح اشارے دیے گئے ہیں۔

محمد صلی اللہ علیہ وسلم کی حیاتِ مبارکہ کا تعارف:

اب سے تقریباً ساڑھے چودہ سو برس پہلے وہ آخری نبی و رسول محمد رسول صلی اللہ علیہ وسلم سعودی عرب کے مشہور شہر مکہ میں پیدا ہوئے۔ پیدائش سے چند مہینے پہلے ہی آپ کے والد عبداللہ کا انتقال ہو گیا تھا۔ والدہ آمنہ بھی کچھ زیادہ دن زندہ نہیں رہیں۔ پہلے دادا عبدالمطلب اور ان کی وفات کے بعد آپ کے چچا ابو طالب نے انہیں پالا۔ آپ اپنی خوبیوں اور نیکیوں کی بدولت جلد ہی تمام مکہ شہر کی آنکھوں کا تارا بن گئے۔ جیسے جیسے آپ بڑے ہوتے گئے، آپ سے لوگوں کی محبت بڑھتی گئی۔ آپ کو سچا اور ایمان دار کہا جانے لگا۔ لوگ حفاظت کے لیے اپنی بیش قیمتی امانتیں آپ کے پاس رکھتے۔ اپنے آپسی جھگڑوں کا فیصلہ کراتے۔ لوگ محمد صلی اللہ علیہ وسلم کو ہر اچھے کام میں آگے پاتے۔ آپ اپنے وطن میں ہوں یا سفر پر، سب لوگ آپ کی خوبیوں کے معترف ہوتے۔

ان دنوں وہاں اللہ کے گھر کعبہ میں ۳۶۰ بت، دیوی دیوتاؤں کی مورتیاں رکھی ہوئی تھیں۔ پورے عرب دیش میں شرک و کفر کے علاوہ قتل و غارت گری، لوٹ مار، غلاموں اور عورتوں کی حق تلفی، اونچ نیچ، دغا و فریب، شراب، جوا، سود، بے بنیاد جنگ، زنا جیسی جانے کتنی برائیاں پھیلی ہوئی تھیں۔

محمد صلی اللہ علیہ وسلم جب ۴۰ برس کے ہوئے تو اللہ نے اپنے فرشتے جبرئیل علیہ السلام کے ذریعے آپ پر قرآن نازل کرنا شروع کیا اور آپ کو رسول بنانے کی خوش خبری دی اور لوگوں کو ایک اللہ کی عبادت و اطاعت کی طرف بلانے کی ذمے داری سپرد کی۔

سچ کی آواز:

اللہ کے رسول محمد صلی اللہ علیہ وسلم نے ایک پہاڑ کی چوٹی پر چڑھ کر خطرے سے باخبر کرنے کے لیے آواز لگائی۔ لوگ اس آواز پر تیزی کے ساتھ جمع ہو گئے، اس لیے کہ یہ ایک

سچے ایمان دار آدمی کی آواز تھی۔ آپ نے سوال کیا: اگر میں تم سے کہوں کہ اس پہاڑ کے پیچھے سے ایک بہت بڑی فوج چلی آرہی ہے اور تم پر حملہ کرنے والی ہے، تو کیا تم یقین کرو گے؟

سب نے ایک آواز ہو کر کہا: بھلا آپ کی بات پر کون یقین نہیں کرے گا! آپ کبھی جھوٹ نہیں بولتے اور ہمارے مقابلے پہاڑ کی چوٹی سے دوسری طرف دیکھ بھی رہے ہیں۔ آپ نے جہنم کی بھیانک آگ سے ڈراتے ہوئے انہیں شرک و بت پرستی سے روکا اور ایک اللہ کی عبادت اور اطاعت یعنی اسلام کی طرف بلایا۔

انسان کی ایک کم زوری:

انسان کی یہ کم زوری رہی ہے کہ وہ اپنے باپ دادا اور بزرگوں کی غلط باتوں کو بھی آنکھ بند کر کے مانتا چلا جاتا ہے، چاہے ان کی عقلیں اور دلائل ان کا ساتھ نہیں دے رہے ہوں، لیکن اس کے باوجود انسان خاندانی باتوں پر جمار ہتا ہے اور اس کے خلاف عمل تو کیا، کچھ سننا بھی گوارا نہیں کرتا۔

رکاوٹیں اور آزمائش:

یہی وجہ تھی کہ چالیس برس کی عمر تک محمد ﷺ کا احترام کرنے اور سچا ماننے اور جاننے کے باوجود مکہ کے لوگ رسول کی حیثیت سے اللہ کی جانب سے لائی گئی آپ کی تعلیمات کے دشمن ہو گئے۔ آپ جتنا زیادہ لوگوں کو سب سے بڑی سچائی، شرک کے خلاف توحید کی طرف بلاتے، لوگ اتنا ہی آپ کے ساتھ دشمنی کرتے۔ کچھ لوگ اس سچائی کو ماننے والوں اور آپ کا ساتھ دینے والوں کو ستاتے، مارتے، اور دہکتے ہوئے آگ کے انگاروں پر لٹا دیتے۔ گلے میں پھندا ڈال کر گھسیٹتے، اور ان کو پتھروں اور کوڑوں سے مارتے، لیکن آپ سب کے لیے اللہ سے دعا مانگتے، کسی سے بدلہ و انتقام نہیں لیتے، ساری

ساری رات اپنے مالک سے ان کے لیے ہدایت کی دعا کرتے۔ ایک بار آپ مکہ کے لوگوں سے مایوس ہو کر قریبی شہر طائف گئے۔ وہاں کے لوگوں نے اس عظیم انسان کی توہین کی۔ آپ کے پیچھے شریر لڑکے لگا دیے، جو آپ کو برا بھلا کہتے۔

انھوں نے آپ کو پتھر مارے، جس کی وجہ سے آپ کے پیروں سے خون بہنے لگا۔ تکلیف کی وجہ سے جب آپ کہیں بیٹھ جاتے تو وہ لڑکے آپ کو دوبارہ کھڑا کر دیتے، اور پھر مارتے۔ اس حال میں آپ شہر سے باہر نکل کر ایک جگہ پر بیٹھ گئے۔ آپ نے انہیں بد دعا نہیں دی، بلکہ اپنے مالک سے دعا کی: "اے مالک! ان کو سمجھ دے دے، یہ جانتے نہیں۔" اس پاک کلام اور وحی پہنچانے کی وجہ سے آپ کا اور آپ کا ساتھ دینے والے خاندان اور قبیلے کا سماجی بائیکاٹ کیا گیا۔ اس پر بھی بس نہ چلا تو آپ کے قتل کے منصوبے بنائے گئے، آخرکار اللہ کے حکم سے آپ کو اپنا پیارا شہر مکہ چھوڑ کر مدینہ جانا پڑا۔ وہاں بھی مکہ والے فوجیں تیار کر کے بار بار آپ سے جنگ کرنے کے لیے دھاوا بولتے رہے۔

حق کی فتح:

سچائی کی ہمیشہ دیر یا سویر فتح ہوتی ہے، ۲۳ سال کی سخت مشقت کے بعد آپ نے سب کے دلوں پر فتح پائی اور سچائی کے راستے کی جانب آپ کی بے لوث دعوت نے پورے ملک عرب کو اسلام کی ٹھنڈی چھاؤں میں لا کھڑا کیا۔ اس طرح اس وقت کی معلوم دنیا میں ایک انقلاب برپا ہوا۔ بت پرستی بند ہوئی، اونچ نیچ ختم ہو گئی اور سب لوگ ایک اللہ کو ماننے اور اسی کی عبادت و اطاعت کرنے والے اور ایک دوسرے کو بھائی جان کر ان کا حق ادا کرنے والے ہو گئے۔

آخری وصیت:

اپنی وفات سے کچھ ہی مہینے پہلے آپ نے تقریباً سوا لاکھ لوگوں کے ساتھ حج کیا اور تمام لوگوں کو اپنی آخری وصیت کی، جس میں آپ نے یہ بھی کہا: لوگو! مرنے کے بعد قیامت میں حساب کتاب کے دن میرے بارے میں بھی تم سے پوچھا جائے گا، کہ کیا میں نے اللہ کا پیغام اور اس کا دین تم تک پہنچایا تھا، تو تم کیا جواب دو گے؟ سب نے کہا: بے شک آپ نے اسے مکمل طور سے پہنچا دیا، اس کا حق ادا کر دیا۔ آپ نے آسمان کی جانب انگلی اٹھائی اور تین بار کہا: اے اللہ! آپ گواہ رہیے، آپ گواہ رہیے، آپ گواہ رہیے۔ اس کے بعد آپ نے لوگوں سے فرمایا: یہ سچا دین جن تک پہنچ چکا ہے، وہ ان کو پہنچائیں، جن کے پاس نہیں پہنچا ہے۔

آپ نے یہ بھی خبر دی کہ میں آخری رسول ہوں۔ اب میرے بعد کوئی رسول یا نبی نہیں آئے گا۔ میں ہی وہ آخری نبی ہوں، جس کا تم انتظار کر رہے تھے اور جس کے بارے میں تم سب کچھ جانتے ہو۔

قرآن میں ہے:

”جن لوگوں کو ہم نے کتاب دی ہے، وہ اس (پیغمبر محمد) کو ایسے پہچانتے ہیں، جیسے اپنے بیٹوں کو پہچانتے ہیں۔ اگرچہ ان میں کا ایک گروہ حق کو جانتے بوجھتے چھپاتا ہے ٥“

(ترجمہ القرآن، البقرۃ ۲:۱۴۶)

ہر انسان کی ذمے داری:

اب قیامت تک آنے والے ہر انسان پر یہ لازم ہے اور یہ اس کا مذہبی اور انسانی فریضہ ہے کہ وہ اس اکیلے مالک کی بندگی کرے، اسی کی اطاعت کرے، اس کے ساتھ کسی کو شریک نہ ٹھہرائے، قیامت اور دوبارہ اٹھائے جانے، حساب کتاب، جنت و جہنم کو صحیح تسلیم کرے اور اس بات کو مانے کہ آخرت میں اللہ ہی مالک و مختار ہو گا، وہاں بھی اس کا

کوئی شریک نہ ہو گا اور اس کے آخری پیغمبر محمد ﷺ کو سچا جانے اور ان کے لائے ہوئے دین اور زندگی گزارنے کے طور طریقوں پر چلے۔ اسلام میں اسی کو ایمان کہا گیا ہے۔ اس کو مانے بغیر مرنے کے بعد قیامت میں ہمیشہ کے لیے جہنم کی آگ میں جلنا پڑے گا۔

کچھ اشکالات:

یہاں کسی کے ذہن میں کچھ سوال پیدا ہو سکتے ہیں۔ مرنے کے بعد جنت یا دوزخ میں جانا دکھائی تو دیتا نہیں، اسے کیوں مانیں؟

اس سلسلے میں یہ جان لینا مناسب ہو گا کہ تمام الہامی کتابوں میں جنت اور دوزخ کا حال بیان کیا گیا ہے، جس سے یہ معلوم ہوتا ہے کہ جنت و دوزخ کا تصور تمام الہامی مذاہب میں مسلّم ہے۔

اسے ہم ایک مثال سے بھی سمجھ سکتے ہیں۔ بچہ جب ماں کے پیٹ میں ہوتا ہے، اگر اس سے کہا جائے کہ جب تم باہر آؤ گے تو دودھ پیو گے اور باہر آکر تم بہت سے لوگوں اور بہت سی چیزوں کو دیکھو گے، تو حالتِ حمل میں اسے یقین نہیں آئے گا، مگر جیسے ہی وہ حالتِ حمل سے باہر آئے گا، تب سب چیزوں کو اپنے سامنے پائے گا۔ اسی طرح یہ تمام جہان ایک حمل کی حالت میں ہے، یہاں سے موت کے بعد نکل کر جب انسان آخرت کے جہان میں آنکھیں کھولے گا تو سب کچھ اپنے سامنے پائے گا۔

وہاں کی جنت و دوزخ اور دوسری حقیقتوں کی خبر ہمیں اس سچے شخص نے دی ہے، جس کو اس کے جانی دشمن بھی کبھی دل سے جھوٹا نہ کہہ سکے، اور قرآن جیسی کتاب نے دی ہے، جس کی سچائی ہر اپنے پرائے نے مانی ہے۔

دوسرا سوال:

دوسری چیز جو کسی کے دل میں کھٹک سکتی ہے، وہ یہ کہ جب تمام رسول، ان کا لایا ہوا دین اور الہامی صحائف سچے ہیں تو پھر اسلام قبول کرنا کیا ضروری ہے؟

آج کی موجودہ دنیا میں اس کا جواب بالکل آسان ہے۔ ہمارے ملک کی ایک پارلیمنٹ ہے، یہاں کا ایک منظور شدہ دستور(constitution) ہے۔ یہاں جتنے وزیر اعظم ہوئے، وہ سب ہندوستان کے حقیقی وزیر اعظم تھے۔ پنڈت جواہر لال نہرو، شاستری جی، اندرا گاندھی، چرن سنگھ، راجیو گاندھی، وی پی سنگھ وغیرہ۔ ملک کی ضرورت اور وقت کے مطابق جو دستوری ترمیمات اور قوانین انھوں نے پاس کیں، وہ سب بھارت کے دستور اور قانون کا حصہ ہیں، اس کے باوجود اب جو موجودہ وزیر اعظم ہیں، ان کی کابینہ اور سرکار دستور یا قانون میں جو بھی ترمیم کرے گی، اس سے پرانی دستوری دفعہ اور پرانا قانون ختم ہو جائے گا اور بھارت کے ہر شہری کے لیے ضروری ہو گا کہ اس نئے ترمیم شدہ دستور و قانون کو مانے۔ اس کے بعد کوئی ہندوستانی شہری یہ کہے کہ اندرا گاندھی اصلی وزیر اعظم تھیں، میں تو ان کے ہی وقت کے دستور و قانون کو مانوں گا، اس نئے وزیر اعظم کے ترمیم شدہ دستور و قانون کو میں نہیں مانتا اور نہ ان کے ذریعے لگائے گئے ٹیکس دوں گا تو ایسے شخص کو ہر کوئی ملک کا مخالف کہے گا اور اسے سزا کا مستحق سمجھا جائے گا۔ اسی طرح تمام الہامی مذاہب، اور الٰہی کتابوں میں اپنے وقت میں حق اور سچائی کی تعلیم دی جاتی تھی، لیکن اب تمام رسولوں اور الہامی کتابوں کو سچا مانتے ہوئے بھی سب سے آخری رسول محمد ﷺ پر ایمان لانا اور ان کی لائی ہوئی آخری کتاب و شریعت پر عمل کرنا ہر انسان کے لیے ضروری ہے۔

سچا دین صرف ایک ہے:

اس لیے یہ کہنا کسی طرح مناسب نہیں کہ تمام مذاہب خدا کی طرف لے جاتے

ہیں۔ راستے الگ الگ ہیں، منزل ایک ہے۔ سچ صرف ایک ہوتا ہے۔ جھوٹ بہت ہو سکتے ہیں۔ نور ایک ہوتا ہے، اندھیرے بہت ہو سکتے ہیں۔ سچا دین صرف ایک ہے۔ وہ شروع ہی سے ایک ہے، اس لیے اس ایک کو ماننا اور اسی ایک کی ماننا اسلام ہے۔ دین کبھی نہیں بدلتا، صرف شریعتیں وقت کے مطابق بدلتی رہی ہیں اور وہ بھی اسی مالک کے بتائے ہوئے طریقے پر۔ جب انسان کی نسل ایک ہے اور ان کا مالک ایک ہے تو راستہ بھی صرف ایک ہے۔ قرآن نے کہا ہے:

"دین تو اللہ کے نزدیک صرف اسلام ہے۔"

(ترجمہ القرآن، آل عمران ۱۹:۳)

ایک اور سوال:

یہ سوال بھی ذہن میں آسکتا ہے کہ محمد ﷺ اللہ کے سچے نبی اور پیغمبر ہیں اور وہ دنیا کے آخری پیغمبر بھی ہیں، اس کا کیا ثبوت ہے؟

جواب صاف ہے کہ اول تو یہ قرآن جو خدا کا کلام ہے، اس نے دنیا کو اپنے سچے ہونے کے لیے جو دلیلیں دی ہیں، وہ سب کو ماننی پڑی ہیں اور آج تک ان کی کاٹ نہیں ہو سکی ہے۔ اس نے محمد ﷺ کے سچے اور آخری نبی ہونے کا اعلان کیا ہے۔ دوسری بات یہ ہے محمد ﷺ کی زندگی کا ایک ایک پل دنیا کے سامنے ہے۔ ان کی تمام زندگی تاریخ کی کھلی کتاب ہے۔ دنیا میں کسی بھی انسان کی زندگی آپ کی زندگی کی طرح محفوظ اور تاریخ کی روشنی میں نہیں ہے۔ آپ کے دشمنوں اور اسلام دشمن تاریخ دانوں نے بھی کبھی یہ نہیں کہا کہ محمد ﷺ نے اپنی ذاتی زندگی میں کبھی کسی سلسلے میں جھوٹ بولا ہو۔ آپ کے شہر والے آپ کی سچائی کی گواہی دیتے تھے۔ جس بہترین انسان نے اپنی ذاتی زندگی میں کبھی جھوٹ نہیں بولا، وہ دین کے نام پر اور رب کے نام پر جھوٹ کیسے بول

سکتا تھا؟ آپ نے خود یہ بتایا ہے کہ میں آخری نبی ہوں، میرے بعد اب کوئی نبی نہیں آئے گا۔ تمام مذہبی کتابوں میں آخری رشی، کلکی اوتار کی جو پیشین گوئیاں کی گئیں اور علامتیں بتائی گئی ہیں، وہ صرف محمد ﷺ پر پوری اترتی ہیں۔

پنڈت وید پرکاش اپادھیائے کا فیصلہ :

پنڈت وید پرکاش اپادھیائے نے لکھا ہے کہ جو شخص اسلام قبول نہ کرے اور محمد ﷺ اور آپ کے دین کو نہ مانے، وہ ہندو بھی نہیں ہے، اس لیے کہ ہندوؤں کے مذہبی گرنتھوں میں کلکی اوتار اور نراشنس کے اس زمین پر آجانے کے بعد ان کو ماننے، اور ان کے دین کو تسلیم کرنے پر زور دیا گیا ہے، اس طرح جو ہندو بھی اپنے مذہبی گرنتھوں میں عقیدہ رکھتا ہے، اللہ کے رسول محمد ﷺ کو مانے بغیر مرنے کے بعد کی زندگی میں دوزخ کی آگ، وہاں اللہ کے دیدار سے محرومی اور اس کے دائمی غضب کا مستحق ہو گا۔

ایمان کی ضرورت :

مرنے کے بعد کی زندگی کے علاوہ اس دنیا میں بھی ایمان اور اسلام ہماری ضرورت ہے اور انسان کا فرض ہے کہ ایک مالک کی عبادت و اطاعت کرے۔ جو اپنے مالک اور رب کا در چھوڑ کر دوسروں کے سامنے جھکتا پھرے، وہ جانوروں سے بھی گیا گزرا ہے۔ کتا بھی اپنے مالک کے در پر پڑا رہتا ہے اور اسی سے آس لگاتا ہے۔ وہ کیسا انسان ہے، جو اپنے سچے مالک کو بھول کر در در جھکتا پھرے!

لیکن اس ایمان کی زیادہ ضرورت مرنے کے بعد کے لیے ہے، جہاں سے انسان واپس نہ لوٹے گا اور موت پکارنے پر بھی اس کو موت نہ ملے گی۔ اس وقت پچھتاوا بھی کچھ کام نہ آئے گا۔ اگر انسان یہاں سے ایمان کے بغیر چلا گیا تو ہمیشہ جہنم کی آگ میں جلنا پڑے گا۔ اگر اس دنیا کی آگ کی ایک چنگاری بھی ہمارے جسم کو چھو جائے تو ہم تڑپ

جاتے ہیں تو دوزخ کی آگ کیسے برداشت ہو سکے گی! دوزخ کی آگ دنیا کی آگ سے ستر گنا زیادہ تیز ہے اور بے ایمان والوں کو اس میں ہمیشہ جلنا ہو گا۔ جب ان کے بدن کی کھال جل جائے گی تو دوسری کھال بدل دی جائے گی، اس طرح لگاتار یہ سزا بھگتنا ہو گی۔

انتہائی توجہ طلب بات:

میرے عزیز قارئین! موت کا وقت نہ جانے کب آ جائے۔ جو سانس اندر ہے، اس کے باہر آنے کا بھروسا نہیں اور جو سانس باہر ہے، اس کے اندر آنے کا بھروسا نہیں۔ موت سے پہلے مہلت ہے، اس مہلتِ عمل میں اپنی سب سے پہلی اور سب سے بڑی ذمے داری کا احساس کر لیں۔ ایمان کے بغیر نہ یہ زندگی کامیاب ہے اور نہ مرنے کے بعد آنے والی زندگی۔

کل سب کو اپنے مالک کے پاس جانا ہے، وہاں سب سے پہلے ایمان کی پوچھ تاچھ ہو گی۔ ہاں، اس میں میری ذاتی غرض بھی ہے کہ کل حساب کے دن آپ یہ نہ کہہ دیں کہ ہم تک رب کی بات پہنچائی ہی نہیں گئی تھی۔

مجھے امید ہے کہ یہ سچی باتیں آپ کے دل میں گھر کر گئی ہوں گی تو آیئے محترم! سچے دل اور سچی روح والے میرے عزیز دوست! اس مالک کو گواہ بنا کر اور ایسے سچے دل سے جسے دلوں کا حال جاننے والا مان لے، اقرار کریں اور عہد کریں:

اَشْہَدُ اَن لَّآ اِلٰہَ اِلَّا ا اللّٰہُ وَ اَشْہَدُ اَنَّ مُحَمَّدًا عَبْدُہٗ وَ رَسُوْ لُہٗ

”میں گواہی دیتا ہوں اس بات کی کہ اللہ کے سوا کوئی عبادت کے لائق نہیں، (وہ اکیلا ہے، اس کا کوئی شریک نہیں) اور میں گواہی دیتا ہوں کہ محمد اللہ کے بندے اور اس کے رسول ہیں۔“

میں توبہ کرتا ہوں کفر سے، شرک (کسی بھی طرح اللہ کا شریک بنانے) سے اور

تمام طرح کے گناہوں سے اور اس بات کا عہد کرتا ہوں کہ اپنے پیدا کرنے والے سچے مالک کے سب حکم مانوں گا اور اس کے سچے نبی محمد ﷺ کی سچی اطاعت کروں گا۔

رحیم اور کریم مالک مجھے اور آپ کو اس راستے پر مرتے دم تک قائم رکھے، آمین!

میرے عزیز دوست! اگر آپ اپنی موت تک اس یقین اور ایمان کے مطابق اپنی زندگی گزارتے رہے تو پھر معلوم ہو گا کہ آپ کے اس بھائی نے کیسا محبت کا حق ادا کیا۔

ایمان کا امتحان:

اس اسلام اور ایمان کے باعث آپ کی آزمائش بھی ہو سکتی ہے، مگر جیت ہمیشہ سچ کی ہوتی ہے۔ یہاں بھی حق کی جیت ہو گی اور اگر زندگی بھر امتحان سے گزرنا پڑے تو یہ سوچ کر سہہ جانا کہ اس دنیا کی زندگی تو کچھ دنوں تک محدود ہے۔ مرنے کے بعد کی ہمیشہ کی زندگی وہاں کی جنت اور اس کے سکھ حاصل کرنے کے لیے اور اپنے مالک کو راضی کرنے کے لیے اور اس کے بالمشافہ دیدار کے لیے یہ آزمائشیں کچھ بھی نہیں ہیں۔

آپ کا فرض:

ایک بات اور۔ ایمان اور اسلام کی یہ سچائی ہر اس بھائی کا حق اور امانت ہے، جس تک یہ حق نہیں پہنچا ہے، اس لیے آپ کا بھی فرض ہے کہ بے لوث ہو کر اللہ واسطے صرف اپنے بھائی کی ہم دردی میں اسے مالک کے غضب، دوزخ کی آگ اور سزا سے بچانے کے لیے، دکھ درد کے پورے احساس کے ساتھ جس طرح اللہ کے رسول ﷺ نے عمر بھر یہ سچائی پہنچائی تھی، آپ بھی پہنچائیں۔ اس کو صحیح سچا راستہ سمجھ میں آجائے، اس کے لیے اپنے مالک سے دعا کریں۔ کیا ایسا شخص انسان کہلانے کا حق دار ہے، جس کے سامنے ایک اندھا بینائی سے محروم ہونے کی وجہ سے آگ کے الاؤ میں گرنے والا ہو، اور وہ ایک بار بھی پھوٹے منھ سے یہ نہ کہے کہ تمہارا یہ راستہ آگ کے الاؤ کی جانب جاتا ہے۔

سچی انسانیت کی بات تو یہی ہے کہ وہ اس کو روکے، اس کو پکڑ کر بچائے اور عزم کرے کہ جب تک اپنا بس ہے، میں ہرگز اسے آگ میں گرنے نہیں دوں گا۔

ایمان لانے کے بعد ہر مسلمان پر حق ہے کہ جس کو دین کی، نبی کی، قرآن کی ہدایت مل چکی ہے، وہ شرک اور کفر کی شیطانی آگ میں پھنسے لوگوں کو بچانے کی دھن میں لگ جائے۔ ان کی ٹھوڑی میں ہاتھ دے، ان کے پاؤں پکڑے کہ لوگ ایمان سے ہٹ کر غلط راستے پر نہ جائیں۔ بے غرض اور سچی ہمدردی میں کہی گئی بات دل پر اثر کرتی ہے۔ اگر آپ کے ذریعے ایک آدمی کو بھی ایمان مل گیا اور ایک شخص بھی مالک کے سچے در پر لگ گیا تو ہمارا بیڑا پار ہو جائے گا، اس لیے کہ اللہ اس شخص سے بہت زیادہ خوش ہوتا ہے، جو کسی کو کفر اور شرک سے نکال کر سچائی کے راستے پر لگا دے۔ آپ کا بیٹا اگر آپ سے باغی ہو کر دشمن سے جا ملے اور آپ کے بجائے وہ اسی کے کہنے پر چلے، پھر کوئی نیک آدمی اس کو سمجھا بجھا کر آپ کا فرماں بردار بنا دے تو آپ اس نیک آدمی سے کتنے خوش ہوں گے۔ مالک اس بندے سے اس سے زیادہ خوش ہوتا ہے، جو دوسرے تک ایمان پہنچانے اور بانٹنے کا ذریعہ بن جائے۔

ایمان لانے کے بعد:

اسلام قبول کرنے کے بعد جب آپ مالک کے سچے بندے بن گئے تو اب آپ پر روزانہ پانچ بار نماز فرض ہے۔ آپ اسے سیکھیں اور پڑھیں۔ اس سے روح کو تسکین ہو گی اور اللہ کی محبت بڑھے گی۔ مال دار ہیں تو دین کی مقرر کی ہوئی در سے ہر سال اپنی آمدنی میں سے مستحقین کا حصہ زکوٰۃ کے طور پر نکالنا ہو گا، رمضان کے پورے مہینے روزے رکھنے ہوں گے اور اگر بس میں ہو تو عمر میں ایک بار حج کے لیے مکہ جانا ہو گا۔

خبردار! اب آپ کا سر اللہ کے علاوہ کسی کے آگے نہ جھکے۔ آپ پر کفر و شرک،

جھوٹ، فریب، دھوکا دہی، بد معاملگی و رشوت، قتلِ ناحق، پیدا ہونے سے پہلے یا پیدا ہونے کے بعد اولاد کا قتل، بہتان تراشی، شراب، جوا، سود، سور کا گوشت ہی نہیں، حلال گوشت کے علاوہ تمام حرام گوشت، اور اللہ اور اس کے رسول ﷺ کی ہر حرام کی ہوئی چیز منع ہے، اس سے بچنا چاہیے۔ اور اللہ کی پاک اور حلال بتائی ہوئی چیزوں کو اللہ کا شکر ادا کرتے ہوئے، پورے شوق سے کھانا چاہیے۔

اپنے مالک کے ذریعے دیا گیا پاک کلام قرآنِ مجید سمجھ کر پڑھنا ہے اور پاکی اور صفائی کے طریقے اور دینی معاملات سیکھنے ہیں۔ سچے دل سے یہ دعا کرنی ہے کہ اے ہمارے مالک! ہم کو، ہمارے دوستوں کو، خان دان کے لوگوں اور رشتے داروں کو اور اس روئے زمین پر بسنے والی پوری انسانیت کو ایمان کے ساتھ زندہ رکھ اور ایمان کے ساتھ انہیں موت دے، اس لیے کہ ایمان ہی انسانی سماج کا پہلا اور آخری سہارا ہے۔ جس طرح اللہ کے ایک پیغمبر ابراہیم علیہ السلام جلتی ہوئی آگ میں اپنے ایمان کی بدولت کود گئے تھے اور ان کا بال بیکا نہیں ہوا تھا، آج بھی اس ایمان کی طاقت آگ کو گل و گل زار بنا سکتی ہے اور سچے راستے کی ہر رکاوٹ کو ختم کر سکتی ہے

آج بھی ہو جو براہیم کا ایماں پیدا
آگ کر سکتی ہے اندازِ گلستاں پیدا

* * *